CARO,

_____

Che l'Onnipotente benedica te e la tua famiglia con la sua benedizione.

Perché Amiamo il nostro Profeta Muhammad ﷺ ?
Pubblicato da Editori Hidayah

Copyright © 2022 Hidayah Publishers

Tutti i diritti riservati. Nessuna parte di questo libro può essere riprodotta in qualsiasi forma senza il permesso dell'editore, ad eccezione di quanto consentito dalla legge sul copyright degli Stati Uniti.

ISBN: 978-1-990544-63-7

L'Arabia Prima Dell'Islam

La Gioventù Del Messaggero Di Allah ﷺ

Profeta Muhammad ﷺ Come Una Misericordia Per Tutti

Gentilezza Verso I Servi

Gentilezza Verso I Bambini

Gentilezza Verso I Poveri

Curare Gli Animali E Gli Uccelli

Come I Compagni Amano Il Profeta Muhammad ﷺ

Amore Di Ummah

Come Mostrare Il Nostro Amore Al Santo Profeta ﷺ

L'ARABIA PRIMA DELL'ISLAM

Prima dell'avvento dell'Islam, la condizione dell'uomo comune era grave nella regione. Era una società tribale dove comprare e vendere schiavi era un'attività comune. Era una società in cui le lotte intertribali erano comuni, anche per una misera ragione.

La società araba era composta da diverse tribù e non c'era un vero e proprio governo. Sceglievano i capi tribù che avevano il potere di decidere su una questione tribale. Il capo poteva essere scelto solo sulla base della storia familiare e/o dei tratti della personalità. Mancava un unico governo regolare.

La cultura araba era molto ricca perché la narrazione era molto comune in Arabia. Questo è il motivo principale per cui chiamavano i non arabi sciocchi. Erano molto bravi nella poesia e orgogliosi della loro lingua e cultura araba. Nonostante tutto questo, le condizioni sociali in Arabia erano così brutte che il furto delle carovane era considerato una pratica comune tra il popolo arabo. Vendevano e compravano schiavi come animali, e lo status sociale degli schiavi non era altro che quello di animali. Era una società puramente maschile in cui essere padre di una figlia era considerato un disonore. Rubare, bere e giocare d'azzardo erano comuni.

La maggior parte degli arabi a quel tempo non sapevano leggere e scrivere. Umar bin Khattab[R.A], il secondo califfo dei musulmani, era uno di quelli che sapeva leggere e scrivere prima dell'avvento dell'Islam.

A causa delle guerre intertribali, la situazione economica non era fiorente nella regione. Mandavano carovane commerciali in altre zone vicine, dato che nessuna industria era sviluppata nella regione peninsulare. Tuttavia, la comunità ebraica era in buona forma. La maggior parte della terra coltivabile era sotto la loro occupazione.

In un momento in cui tutto era nel suo stato peggiore, come l'educazione, il sistema politico, le condizioni economiche, le condizioni sociali, la legge e l'ordine, ecc. Allah Onnipotente mandò l'ultimo Profeta, il Profeta Muhammad ﷺ come un rivoluzionario per tutta l'umanità. È stato un miracolo nella storia dell'umanità che l'intera situazione nella penisola arabica si sia capovolta in meno di cento anni. Il nostro Profeta ﷺ trasformò lo status del popolo d'Arabia da schiavi a leader dell'intera regione. La mentalità degli arabi cambiò dalla crudeltà all'essere compassionevole.

"Avete nel Messaggero di Allah un bell'esempio per voi," (Surah Ahzab, V:21)

LA GIOVENTÙ DEL MESSAGGERO DI ALLAH ﷺ E IL SUO RAPPORTO CON LA COMUNITÀ

Il Profeta Muhammad ﷺ è nato in una famosa e pia tribù Quraish conosciuta come 'i Banu Hashim' nella città di Makkah. Il nome di suo padre è Abdullah(R.A), che morì quasi sei mesi prima della nascita del Profeta Muhammad ﷺ. Il nome di sua madre era Syeda Amina(R.A), che appartiene al clan Banu Zuhrah della tribù Quraish. Secondo la tradizione araba, il Profeta Muhammad ﷺ mandò a vivere con una madre di latte, Syeda Halimah(R.A), poiché la vita nel deserto era considerata più sana per i bambini.

All'età di sei anni, si riunì con sua madre, Syeda Aminah(R.A), che lo portò a visitare i suoi parenti nella città di Yathrib (poi chiamata Medina). Al loro ritorno a Makkah un mese dopo, accompagnato dalla sua schiava Umm Ayman, Aminah(R.A) si ammalò. Morì durante questo viaggio e fu sepolta nel villaggio di Abwa'. In seguito, fu allevato da suo nonno paterno, Abd al-Muttalib, fino alla sua morte quando il Profeta Muhammad ﷺ aveva otto anni. Poi passò alle cure di suo zio Abu Talib, che fu eletto nuovo capo dei Banu Hashim.

Quando era ancora adolescente, il Profeta Muhammad ﷺ accompagnò suo zio in viaggi commerciali in Siria, acquisendo esperienza nel commercio commerciale, che era l'unica carriera aperta per lui come orfano. La tradizione islamica afferma che quando il Profeta Muhammad ﷺ aveva nove o dodici anni, mentre accompagnava una carovana in Siria, incontrò un monaco cristiano o eremita di nome Bahira, che si dice abbia previsto la sua carriera come Profeta di Allah(S.W.T).

A causa del suo carattere retto durante questo periodo, acquisì il soprannome "al-Amin", che significa "fedele, degno di fiducia", e "al-Sadiq", che significa "veritiero".

Tutte le tribù di Makkah, anche i suoi nemici durante il periodo della sua predicazione dell'Islam, si fidavano di lui più di qualsiasi altra persona e gli consegnavano le loro cose preziose da custodire perché sapevano che il nostro Santo Profeta ﷺ non se ne sarebbe mai appropriato. Inoltre, sapevano che il Profeta Muhammad ﷺ non avrebbe mai mentito in nessuna questione. Questa è la prima lezione per tutti i musulmani per elevare i loro caratteri nella società come veri credenti dell'Islam.

"Allah ha colmato [di grazia] i credenti, quando ha suscitato tra loro un Messaggero che recita i Suoi versetti, li purifica e insegna loro il Libro e la saggezza, mentre in precedenza erano in preda all'errore evidente."
(Surah Aal-e-Imran, V:164)

PROFETA MUHAMMAD ﷺ COME UNA MISERICORDIA PER TUTTI

"E Noi non ti abbiamo inviato se non come Grazia per i Mondi."
(Surah Al-Anbya, V:107)

Come parte del Suo amore affettuoso per le Sue creature, Allah(S.W.T) ci ha donato l'amore del Suo amato messaggero, il Profeta Muhammad ﷺ. Il Messaggero di Allah ﷺ ha vissuto tra noi e ci ha mostrato la via per raggiungere l'amore eterno. Non ci ha insegnato solo ad amare il nostro Creatore, ma anche ad amare le altre creature. Egli è la luce che ha guidato i cuori e illumina l'oscurità interiore. Egli è creato come l'epitome della misericordia e il modello delle virtù.

L'INCIDENTE DELLA VALLE DI TAIF

Durante i primi dieci anni di predicazione dell'Islam, Makkah si era dimostrata inospitale per il nostro Santo Profeta ﷺ e i suoi Compagni(R.A). Il Rasulallah ﷺ pensò che avrebbe dovuto provare a predicare la vera fede in qualche altra città. La città più vicina era Ta'if, una città lussureggiante di palme verdi, frutta e verdura, 50 miglia a sud-est di Makkah. Zayd bin Haritha(R.A) andò con lui.

A Ta'if, il Messaggero di Allah ﷺ chiamò i tre capi delle tribù locali e li invitò ad abbandonare il loro culto degli idoli, a riconoscere l'Unicità di Allah, a gettare via le distinzioni artificiali di alto e basso, e a credere nell'uguaglianza e nella fratellanza di tutti.

I capi di Ta'if erano un equipaggio presuntuoso e arrogante e non volevano nemmeno ascoltare il Santo Profeta ﷺ. Lo accolsero con scherno e derisione e gli misero addosso i perdigiorno e i teppisti della città. Hanno colpito lui e Zayd con zolle e pietre.

Ferito e coperto di sangue, il nostro caro Profeta ﷺ uscì da Ta'if. Di fronte a questa miseria, l'angelo Jibrael(A.S) fu inviato e gli presentò un'opzione: far distruggere tutta la città, per volontà di Dio, per tanta arroganza e odio, "Se tu dici che schiaccerò questa gente tra due montagne e nessuno sarà lasciato indietro".

Avrebbe potuto farlo. Avrebbe potuto chiedere che questa valle di gente crudele fosse schiacciata. Ma non l'ha fatto.

"No", disse all'Angelo. "Non distruggere il popolo di Taif". Invece, pregò per la loro salvezza. Con estremo dolore, il Santo Profeta ﷺ disse: "Sono un esempio di gentilezza. Non voglio vendicarmi. La loro prole accetterà sicuramente l'Islam".

Come Allah(S.W.T) ha rivelato nel Corano,

"E Noi non ti abbiamo inviato se non come Grazia per i Mondi."
(Surah Al-Anbya, V:107)

Questo è solo uno dei tanti esempi di come il nostro Santo Profeta ﷺ, che Dio descrive come una "misericordia per tutti", ha trattato con coloro che gli si opponevano. La visita della Valle di Ta'if è un esempio nella vita del Santo Profeta ﷺ che ha affrontato costanti minacce di morte e tentativi di morte, abusi e umiliazioni da parte di coloro che erano minacciati dal suo semplice ma profondo messaggio: non c'è altro dio che Allah e Muhammad ﷺ è il Suo Schiavo e Messaggero.

LA VITTORIA PACIFICA DELLA MAKKAH

Un altro esempio ben noto della gentilezza e della misericordia di Rasulallah ﷺ è durante la presa pacifica di Makkah da parte dei musulmani. Anche qui, il Santo Profeta ﷺ ha dimostrato un comportamento esemplare. È la natura umana comune, quando si trova in una posizione di potere o quando si presenta l'opportunità, le persone sono note per abusare della loro autorità e punire brutalmente i loro nemici. Ma in quel momento, quando avrebbe potuto facilmente distruggere i suoi peggiori nemici, il nostro Santo Profeta ﷺ mostrò una notevole moderazione. Questo è ancora più significativo data la cultura della feroce rivalità tribale praticata a quel tempo.

Il Profeta Muhammad ﷺ è una misericordia per tutti gli esseri umani, indipendentemente dal loro background religioso, razziale, culturale o etnico. Noi, come suoi seguaci, dobbiamo vivere e diffondere questo messaggio oggi, in un momento in cui l'odio e la bruttezza verso l'altro sono diventati la norma.

GENTILEZZA VERSO I SERVI

L'Islam è un codice di vita completo. I seguaci dell'Islam ricevono istruzioni esplicite su come trattare i servi, i lavoratori e gli aiutanti. Ci sono molti esempi che mostrano la gentilezza e la delicatezza del Santo Profeta ﷺ verso i loro servi. Anas b. Malik(R.A) è stato il servo personale del Profeta ﷺ per dieci anni fino alla sua morte a Makkah. Anas(R.A) aveva un grande amore per il Santo Profeta ﷺ e provava grande gioia e orgoglio nell'occuparsi dei suoi bisogni. Secondo lui, Rasulallah ﷺ non lo ha mai colpito o rimproverato. Si svegliava prima di tutti gli altri al mattino e andava alla moschea del Profeta ﷺ per prendersi cura dei suoi bisogni e desideri.

Anas(R.A) disse: "Ho servito il Santo Profeta ﷺ a casa e nei viaggi. Per Allah, non mi ha mai detto per qualcosa che ho fatto: 'Perché hai fatto questo?' o per qualcosa che non ho fatto: 'Perché non hai fatto questo?'" (Sahih Bukhari and Muslim)

Il Profeta Muhammad ﷺ ha detto: "Loro (i servi) sono solo tuoi fratelli. Allah li ha affidati alle vostre cure. Quindi, chiunque abbia un fratello sotto la sua cura, allora nutrilo con quello che mangi, vestilo con quello che tu stesso vesti. Non sovraccaricarlo di cose che non può sopportare. E se lo sovraccarichi, allora dagli una mano". Questo Hadith si applica anche alle serve donne, naturalmente.

Un compagno, Abu Dharr(R.A), dopo aver sentito le parole del Profeta ﷺ, non parlò mai più duramente a uno schiavo o a un servo. Abu Dharr(R.A) era allora molto attento a trattare il servo come avrebbe trattato i propri figli. Fu visto camminare nei mercati con il suo servo, e il servo indossava sui suoi vestiti esattamente lo stesso ornamento che Abu Dharr(R.A) stesso indossava. Questo è l'insegnamento del nostro Santo Profeta ﷺ nell'ambiente ostile di Makkah di quel tempo.

L'empatia è molto incoraggiata nell'Islam. Il Profeta Muhammad ﷺ ha detto: "Quando il tuo servo ti prepara il cibo e te lo depone - mentre ha sofferto l'inconveniente del calore e del fumo durante la cottura - dovresti chiedergli di sedersi e condividere il pasto".

Per quanto riguarda il ritardo dei salari, che non è raro oggi, questa è un'ingiustizia ed è inammissibile nell'Islam. Il Profeta Muhammad ﷺ ha istruito: "Paga al lavoratore il suo salario prima che il suo sudore si asciughi".

Immaginate! Una domestica che ha strofinato, pulito, lavato, stirato, cucinato e faticato, dovrebbe vedere i frutti del suo lavoro quando si asciuga la fronte dopo un giorno o una settimana o un mese di duro lavoro - qualunque sia il periodo di tempo concordato tra il datore di lavoro e il dipendente. Il salario del suo duro lavoro è l'unica cosa che sostiene le sue commissioni quotidiane, e questo è il motivo per cui è fuori dalla sua casa, a lavorare per gli altri. Il Santo Profeta ﷺ spiega che Allah(S.W.T) nel Giorno del Giudizio si arrabbierà e sarà l'avversario di colui che "impiega un operaio e prende da lui tutto il lavoro ma non lo paga per il suo lavoro".

Una volta, un uomo venne da Rasulallah ﷺ e chiese: "O Profeta di Allah! Fino a che punto dobbiamo perdonare gli errori e le colpe dei nostri servi?" Il Santo Profeta ﷺ rimase in silenzio e quando l'uomo ripeté la domanda per la terza volta, rispose: "Settanta volte al giorno". (Al-Tirmidhi)

Nessuno di noi vorrebbe mai andare contro il nostro Signore o far scendere la Sua ira su di noi. Tuttavia, rischiamo proprio questo quando facciamo del male ai nostri servi.

L'aiuto che assumiamo, proprio come noi, farà degli errori; siamo tutti umani. La cameriera può accidentalmente bruciare un vestito mentre lo stira, rovesciare il caffè sul tappeto o rompere un bicchiere di cristallo. Bisogna avere pazienza, perdonare e perdonare. Immaginate che solo dopo il settantesimo errore che la cameriera fa in un giorno possiamo perdere la pazienza.

La moglie del Profeta, Syeda Aisha(R.A), disse: "Il Messaggero di Allah ﷺ non ha mai colpito una donna, un bambino o un servo". (Sahih Muslim)

È snervante come alcuni di noi si vantino di quante regole hanno imposto ai loro servi. L'Islam non è solo quello che scriviamo sui nostri passaporti nello spazio per "Religione". L'Islam è un credo custodito nel cuore, applicato dalle parole e dal modo in cui parliamo, e infine, controlla le azioni di tutto il nostro corpo; le nostre membra, gli occhi, ciò che mangiamo e ciò che ascoltiamo.

Anche nel mondo moderno di oggi, tutti abbiamo sentito storie di domestiche che lavorano senza riposo fino a dopo mezzanotte e si alzano presto con il sole, o di quelle che lavorano per mesi senza paga; il loro salario viene trattenuto. Un servo ha rotto accidentalmente un vaso costoso ed è stato costretto a ripagare la famiglia per il vaso, che equivaleva alla metà del suo stipendio mensile. Peggio ancora, abbiamo letto rapporti scioccanti di lavoratori domestici brutalmente picchiati dai loro datori di lavoro.

È giunto il momento di assorbire tutti questi detti del nostro Santo Profeta ﷺ e metterli in pratica nella nostra vita quotidiana. Questa è la cultura che il nostro Profeta ﷺ ci ha insegnato quattrocento anni fa, quando nessun college o università insegnava loro valori morali ed etici. Tutte le nostre collaboratrici domestiche hanno il diritto di essere trattate con misericordia, compassione, gentilezza e di essere pagate puntualmente.

GENTILEZZA VERSO I BAMBINI

Il Profeta ﷺ ha detto: "Infatti tra i credenti con la fede più completa c'è colui che è il migliore nella condotta e il più gentile con la sua famiglia". (Tirmizi)

Inutile dire che la natura innata del Profeta ﷺ di essere una misericordia per tutte le creazioni di Dio è certa. La sua misericordia è ineguagliabile e, infatti, il suo trattamento dei bambini, e non solo per la sua stessa famiglia, è un esempio per tutti noi. Per esempio, al suo arrivo a Medinah, il Profeta Muhammad ﷺ fu ricevuto dall'élite di Medinah insieme ad altri uomini e donne che aspettavano con ansia il suo arrivo benedetto. Tra la grande folla che si mise in fila per accogliere il tanto atteso Messaggero di Allah ﷺ, c'erano i bambini di Medinah che scoppiarono in canti e lodi. Rasulallah ﷺ si voltò verso di loro sorridendo e diede loro tutta la sua attenzione. Si avvicinò a loro con un sorriso sul volto e chiese loro: "Mi amate?". I bambini per la gioia e l'eccitazione dissero: "Sì, sì! Ti amiamo e ti rispettiamo, o Messaggero di Allah ﷺ". Il Profeta rispose: "E anch'io vi amo tutti". I bambini erano felicissimi!

Il Santo Profeta ﷺ baciava e abbracciava spesso i bambini, come espressione della sua tenerezza, amore e misericordia verso di loro. In un hadith sui bambini, Abu Huraira[R.A] riferì che al-Aqra' bin Habis vide il Messaggero di Allah ﷺ baciare Hasan Ibn Ali[A.S]. Egli disse: "Ho dieci figli, ma non ho mai baciato nessuno di loro", al che il Messaggero di Allah ﷺ disse: "Chi non mostra misericordia (verso i suoi figli), nessuna misericordia gli sarà mostrata". (Muslim)

È narrato dalla madre dei credenti, Syeda Aisha Siddiqua[R.A], che ogni volta che Rasulallah ﷺ faceva visita alla sua figlia più giovane, Syeda Fatimah[S.A], si alzava per accoglierla quando entrava nella stanza, la prendeva per mano, la baciava e la faceva sedere dove era seduto lui. Viceversa, lei faceva lo stesso quando lui le faceva visita. Questi bei gesti, anche se semplici, mostrano il profondo amore e rispetto che padre e figlia avevano l'uno per l'altra. Considerate questo comportamento nell'epoca in cui le figlie appena nate venivano sepolte vive solo per evitare l'imbarazzo della comunità.

Anche il nostro Santo Profeta ﷺ si interessava attivamente alla vita dei bambini, nonostante i suoi impegni. Per esempio, Anas bin Malik(R.A) ha detto: "Il Messaggero di Allah ﷺ era solito venire a farci visita. Avevo un fratello più giovane che si chiamava Abu 'Umair per soprannome (kunyah). Aveva un passerotto con cui giocava, ma morì. Così, un giorno, Rasulallah ﷺ venne a trovarlo e lo vide addolorato. Chiese: "Qual è il problema con lui? La gente rispose: 'Il suo passero è morto'. Rasulallah ﷺ disse allora: "Oh Abu 'Umair! Cosa è successo al piccolo passero?"" (Abu Daud). In questo hadith, vediamo l'esempio del Profeta Muhammad ﷺ che si fa in quattro per condividere il dolore di un bambino piccolo, mentre molti adulti avrebbero ignorato una questione così apparentemente insignificante. Questo tipo di relazione può costruire fiducia, comunicazione aperta e convalida per il bambino. Il nostro Santo Profeta ﷺ ci ha insegnato come trattare bene i bambini e come esprimere l'amore e la gioia.

Il Profeta Muhammad ﷺ si prendeva cura degli orfani e chiedeva ai suoi compagni di proteggerli e di trattarli bene. Ha anche mostrato i meriti che derivano da questo. Al-Bukhari ha narrato che il Profeta Muhammad ﷺ disse: "Io e il custode di un orfano siamo così (insieme) in Paradiso", e unì l'indice e il dito medio insieme. Un altro detto relativo all'orfano è; il Profeta Muhammad ﷺ ha detto: "La migliore casa musulmana è quella in cui un orfano è ben trattato, e la peggiore casa musulmana è quella in cui un orfano è trattato male". Questi detti profetici mostrano chiaramente che se qualcuno si prende cura di un orfano, è sicuro di entrare in paradiso.

Rasulallah ﷺ è stato un modello nella cura dei bambini in una società in cui il solo amare i bambini era una questione di ego. Egli ﷺ ci ha insegnato come trattarli e come esprimere amore e gioia per il dono di averli. È nostro dovere imparare come trattare al meglio i bambini e incorporare questi insegnamenti nella nostra vita.

GENTILEZZA VERSO I POVERI

Una delle grandi riforme che il Profeta Muhammad ﷺ portò fu quella dei diritti dei poveri e del trattamento nei loro confronti. Prima dell'avvento dell'Islam, gli arabi pagani ignoravano i poveri. Li guardavano dall'alto in basso e se ne preoccupavano meno; i poveri erano fondamentalmente una parte insignificante della società. Tuttavia, con gli insegnamenti del nostro Santo Profeta ﷺ, tutto questo è cambiato. I musulmani erano ora obbligati a prendersi cura dei poveri ed erano tenuti a spendere la loro ricchezza per aiutare i poveri.

Per diventare più vicini ad Allah(S.W.T), guardiamo al Messaggero di Allah ﷺ come guida, maestro ed esempio di come dovrebbe essere un buon musulmano. Quindi, nel nostro cammino verso Allah, guardiamo a Rasulallah ﷺ per l'ispirazione su come aiutare i nostri fratelli e sorelle nel bisogno intorno a noi. Il Santo Profeta ﷺ disse: "Benedetta è la ricchezza del musulmano, dalla quale egli dà al povero, all'orfano e al viaggiatore". (Muslim)

Umile, modesto e amorevole, il Profeta Muhammad ﷺ era noto per la sua generosità. Come "il più generoso di tutto il popolo". (Bukhari), il Santo Profeta ﷺ incoraggiava continuamente i suoi seguaci ad aiutare gli altri, invitando i musulmani a sostenere le loro famiglie, i vicini, le comunità e la più ampia ummah. Sottolineando l'importanza della carità, Rasulallah ﷺ disse:

"La generosità è vicina ad Allah, vicina al Paradiso, vicina al popolo e lontana dal fuoco dell'inferno". (Tirmidhi)

Come musulmani, siamo esortati ad aiutare a garantire che i poveri e i bisognosi non soffrano la fame, specialmente le persone intorno a noi, come i nostri vicini di casa. Guardando all'esempio del Santo Profeta ﷺ come guida nell'adempimento dei nostri doveri di musulmani, ci viene ricordata la necessità di aiutare gli altri che non hanno nemmeno l'essenziale quotidiano di cui noi godiamo ma che possiamo dare per scontato.

Il Profeta Muhammad ﷺ ha detto:

"Non è un musulmano il cui stomaco è pieno mentre il suo vicino ha fame". (Muslim)

"Nessuno di voi ha fede finché non amate per il vostro prossimo ciò che amate per voi stessi." (Muslim)

"Ogni volta che un mendicante veniva dall'Apostolo di Allah ﷺ o gli veniva chiesto qualcosa, egli ﷺ diceva (ai suoi compagni): "Aiutatelo e raccomandatelo e ne riceverete la ricompensa". (Sahih Al-Bukhari; Volume 2, Libro 24, Numero 512)

In un altro hadith, il Santo Profeta ﷺ ha detto: "Colui che si prende cura di una vedova o di un povero è come colui che recita le preghiere tutta la notte e digiuna tutto il giorno". (Sahih Al-Bukhari; Volume 7, Libro 64, Numero 265)

Rasulallah ﷺ disse una volta a sua moglie: "Ayesha[R.A]! Non allontanare mai un povero dalla tua porta a mani vuote. O Ayesha! Ama i poveri, avvicinali a te e Allah ti avvicinerà a Lui".

L'Islam non proibisce o scoraggia l'acquisizione di ricchezza, ma insiste che sia acquisita legalmente con mezzi onesti e che una parte di essa vada ai poveri. Uno dei pilastri dell'Islam è la 'Zakah'; un atto obbligatorio per le persone ricche di dare una parte della ricchezza ai poveri. Il Santo Profeta ﷺ ordinò ai musulmani di trattare i poveri con gentilezza e di aiutarli con l'elemosina, la zakat e altri modi.

Non solo il Santo Profeta ﷺ incoraggia gli altri a prendersi cura dei poveri, ma anche lui stesso era molto preoccupato per loro.

Un uomo di Medina, Ibaad Ibn Sharjil, una volta aveva fame. Andò in un frutteto privato e raccolse alcuni frutti. Il proprietario del giardino gli diede un forte colpo e lo spogliò i suoi vestiti. Il pover'uomo si appellò al Santo Profeta ﷺ, che rimproverò il proprietario dicendo: "Quest'uomo era inconsapevole, avresti dovuto eliminare la sua inconsapevolezza; aveva fame, avresti dovuto dargli da mangiare". I vestiti del povero uomo furono ripristinati e, inoltre, gli fu dato del grano. [Abu Daawood]

Un debitore, Jaabir ibn Abdullaah(R.A) era perseguitato dal suo creditore perché non poteva pagare il suo debito a causa del fallimento del suo raccolto di datteri. Il Santo Profeta ﷺ andò con Jaabir a casa del creditore e gli disse di dare a Jaabir più tempo, ma il creditore non era disposto. Il Santo Profeta ﷺ si recò allora all'oasi e, avendo visto di persona che il raccolto era veramente cattivo, si rivolse nuovamente al creditore senza ottenere risultati migliori. Poi si riposò per un po' e si avvicinò al creditore per la terza volta, ma il creditore rimase fermo. Il Santo Profeta ﷺ tornò nel giardino e chiese a Jaabir di cogliere i datteri. Come Allah(S.W.T) volle, la raccolta non solo bastò a pagare i debiti, ma lasciò qualcosa in più. [Al-Bukhari]

L'amore di Rasulallah ﷺ per i poveri era così profondo che era solito pregare: "O Allah, tienimi povero nella mia vita e nella mia morte e fammi risorgere nella resurrezione tra i poveri". [An-Nasaa'ee]

Così, si può vedere l'altissimo valore e l'importanza che l'Islam attribuisce all'aiuto e alla cura dei poveri. Questo insegnamento è un grande incentivo e motivazione per le persone a prendersi cura dei poveri. Infatti, che grande riforma ha portato il Profeta Muhammad ﷺ! Ora, se tutti noi potessimo seguire questi insegnamenti nei confronti dei poveri intorno a noi, allora la nostra società sarebbe un posto molto migliore!

CURARE GLI ANIMALI E GLI UCCELLI

Il Profeta Muhammad ﷺ è un'incarnazione della misericordia; ha espresso simpatia non solo per gli esseri umani intorno a lui, ma ha anche trattato gli animali con rispetto e compassione. Ha insegnato ai suoi seguaci che poiché gli animali sono parte della creazione di Dio, dovrebbero essere trattati con dignità. Egli ﷺ disse: "In verità, c'è una ricompensa celeste per ogni atto di gentilezza fatto a una creatura vivente".

Gli esseri umani sono stati creati da Allah, l'Onnipotente, per essere custodi e guardiani della Terra. Il Profeta Muhammad ﷺ era sempre gentile con le altre creature.

Abu Huraira(R.A) ha riferito che il Messaggero di Allah ﷺ disse:

"Una persona soffriva di sete intensa durante un viaggio, quando trovò un pozzo. Vi si calò dentro e bevve (acqua), poi uscì e vide un cane che, per la sete, si dondolava la lingua e mangiava la terra inumidita. La persona disse: "Questo cane ha sofferto la sete come l'ho sofferta io". Scese nel pozzo, si riempì la scarpa d'acqua, poi la prese in bocca fino a risalire e la fece bere al cane. Allah apprezzò questo suo gesto e lo perdonò. Allora (i Compagni intorno a lui) dissero: 'O Messaggero di Allah ﷺ, c'è per noi una ricompensa anche per (servire) questi animali?' Egli ﷺ rispose: 'Sì, c'è una ricompensa per il servizio ad ogni animale vivente'". (Sahih Muslim 2244)

Anche se consideriamo alcuni animali come impuri, ci si aspetta che i musulmani li rispettino e li trattino con amore e misericordia. Per esempio, nel trattare con i cani, il Santo Profeta ﷺ non ci ha insegnato ad odiarli. Infatti, nell'Hadith di cui sopra, egli ﷺ ci ha parlato dei meriti di nutrire qualsiasi animale.

Le tradizioni del Profeta Muhammad ﷺ ci ricordano che l'umanità è stata fatta custode della creazione di Dio su questa terra. Trattare gli animali con gentilezza e compassione è una di queste responsabilità. È chiaro dalle parole e dalle azioni di Rasulallah ﷺ che non solo è completamente inaccettabile infliggere dolore e sofferenza a creature indifese, ma saremo anche responsabili davanti a Dio per tali atti. Uccidere senza necessità - cioè uccidere per divertimento - non è ammissibile. L'Islam si aspetta che l'umanità tratti tutti gli esseri viventi - uccelli, animali marini e insetti - con dignità.

Il Messaggero di Allah ﷺ consigliava costantemente alla gente di mostrare gentilezza a tutte le creature. Proibì la pratica di tagliare la coda e la criniera dei cavalli, di marchiare gli animali in qualsiasi punto debole e di tenere i cavalli inutilmente sellati. [Muslim] Il Messaggero di Allah ﷺ una volta passò vicino a un cammello che era così magro che la sua schiena aveva quasi raggiunto il suo stomaco. Disse: "Temete Allah in queste bestie che non possono parlare". (Abu Dawud)

Tutte le creature viventi sono state messe su questa terra da Dio per il nostro beneficio. Non sono allo stesso livello degli esseri umani, ma non devono nemmeno essere trattati crudelmente. È responsabilità dell'uomo vedere che gli siano forniti cibo, acqua e riparo a sufficienza. Le creature viventi non devono essere sovraccaricate, abusate o torturate e il farlo comporterà sicuramente la giusta punizione di Dio. Se Rasulallah ﷺ vedeva che qualche animale era sovraccarico o malato, parlava dolcemente al proprietario e diceva: "Temi Dio nei tuoi rapporti con gli animali". (Abu Dawud)

Tuttavia, astenersi dall'abuso fisico non è sufficiente. È altrettanto importante evitare la crudeltà mentale. Anche il disagio emotivo di un uccello dovrebbe essere preso sul serio. Una volta, un gruppo di Compagni era in viaggio con il Messaggero di Allah ﷺ, ed egli li lasciò per un po'. Durante la sua assenza, videro un uccello con i suoi due piccoli, e presero i piccoli dal nido. L'uccello madre girava in aria battendo le ali per il dolore. Quando il Santo Profeta ﷺ tornò (e vide l'angoscia dell'uccello). Disse: "Chi ha ferito i sentimenti di questo uccello prendendo i suoi piccoli? Restituiteglieli". (Muslim)

Si narra che Rasulallah ﷺ disse: "Se qualcuno uccide un uccello per gioco, l'uccello griderà nel giorno del giudizio: 'Signore! Questo tizio mi ha ucciso invano! Non mi ha ucciso per nessuno scopo utile'". (Sunan al-Nisa'i)

Narrato Ibn 'Umar(R.A): Il Profeta ﷺ disse: "Una donna fu punita a causa di un gatto che teneva prigioniero fino alla sua morte. Quindi, entrò nel fuoco dell'inferno a causa del maltrattamento del gatto. Non gli diede da mangiare o da bere mentre lo teneva prigioniero, né lo fece uscire perché mangiasse le cose che strisciano sulla terra". (Sunan Ibn Majah 4256)

Immaginate, nei tempi pre-islamici, la società era così crudele che un uomo potente non risparmia un errore di un uomo comune, e incoraggia pratiche dure, compresa la crudeltà verso gli animali; è venuto un uomo, il nostro caro Profeta ﷺ, che ha predicato l'Islam (che significa pace), e ha condannato e proibito tutte queste pratiche crudeli. Allah(S.W.T) ha ordinato la bontà e la virtù in ogni cosa. Per un vero credente, è molto importante proteggere gli animali da danni indebiti.

PIANTARE ALBERI È RACCOMANDATO DALL'ISLAM

Poiché anche le piante sono considerate come esseri viventi, il Profeta Muhammad ﷺ ci ha sottolineato che abbiamo un dovere collettivo verso il nostro ambiente. Egli ﷺ ci ha incoraggiato a piantare alberi perché ciò avrebbe beneficiato altre creazioni.

Il Profeta Muhammad ﷺ ha detto,

"Nessun musulmano che pianta un albero o semina dei semi, e poi un uccello, o una persona o un animale ne mangia, se non che questo è considerato come carità". (Sahih al-Bukhari 2320)

Oggi, con le minacce del cambiamento climatico e del riscaldamento globale, abbiamo bisogno di trattare il nostro ambiente con amore e rispetto. Dovremmo fare degli sforzi per evitare gli sprechi, l'eccessiva dipendenza dalla plastica monouso, e fare degli sforzi per non inquinare le nostre acque e l'aria.

Dobbiamo inculcare il nostro amore per l'ambiente e fare sforzi per proteggerlo dal degrado e dalla distruzione.

Non solo il Messaggero di Allah ﷺ amava e si prendeva cura delle creature di Allah, ma anche la creatura lo ama. Un meraviglioso Hadith ci racconta di un ramo di palma da dattero che ama stare vicino al Profeta di Allah ﷺ.

Narrato Jabir bin `Abdullah(R.A): Il Profeta ﷺ era solito stare vicino ad un albero o ad una palma da dattero il venerdì. Allora una donna o un uomo Ansari disse. "O Messaggero di Allah ﷺ! Facciamo un pulpito per te?". Egli rispose: "Se volete". Così, fecero un pulpito per lui e quando fu venerdì, egli procedette verso il pulpito (per pronunciare il sermone). La palma da dattero pianse come un bambino! Il Profeta ﷺ scese (sul pulpito) e lo abbracciò mentre esso continuava a gemere come un bambino che si calma. Il Profeta ﷺ disse: "Stava piangendo per (perdere) quello che era solito sentire della conoscenza religiosa data vicino a lui". (Sahih al-Bukhari 3584)

L'Imam Al-Hasan Al-Basri era solito piangere quando raccontava un hadith simile e diceva: "O servi di Allah, il bosco anela all'incontro con il Profeta Muhammad ﷺ, ma voi avete più diritto di aspettare di incontrarlo".

Un vero credente in Allah(S.W.T) dimostra il suo credo rispettando l'intera creazione, e il carattere e gli insegnamenti del nostro Profeta Muhammad ﷺ sono un brillante modello da seguire per il mondo moderno.

COME I SAHABA⁽ᴿ·ᴬ⁾ (COMPAGNI) AMANO IL PROFETA MUHAMMAD ﷺ

È stato narrato che Anas bin Malik⁽ᴿ·ᴬ⁾ disse:

"Il Messaggero di Allah ﷺ ha detto: 'Nessuno di voi crede veramente finché non gli sia più caro di suo figlio, di suo padre e di tutto il popolo'".

Anas b. Malik⁽ᴿ·ᴬ⁾ riferì che un arabo del deserto disse al Messaggero di Allah ﷺ: Quando sarà l'Ultima Ora? Il Messaggero di Allah ﷺ rispose: Che cosa hai preparato per questo? Disse allora: L'amore per Allah e per il Suo Messaggero (questa è la mia preparazione per l'Ultima Ora) (per il Giorno della Resurrezione). Allora lui (il Santo Profeta ﷺ) disse: Sarai insieme a colui che ami. (Sahih Muslim 2639a)

Che grande notizia è sapere questo. Noi amiamo il nostro Profeta Muhammad ﷺ e sicuramente, lui è quello con il più alto status e il migliore delle creazioni.

E' stato riferito dall'autorità di Anas b. Malik⁽ᴿ·ᴬ⁾ che [quando il nemico ebbe il sopravvento] il giorno della battaglia di Uhud, il Messaggero di Allah ﷺ era rimasto con solo sette uomini degli Ansar e due uomini dei Quraish. Quando il nemico avanzò verso di lui e lo sopraffece, disse: Chi li allontanerà da noi raggiungerà il Paradiso o sarà mio compagno in Paradiso". Un uomo degli Ansar si fece avanti e combatté [il nemico] finché fu ucciso. Il nemico avanzò e lo sopraffece di nuovo ed egli ripeté le parole: Chi li allontanerà da noi raggiungerà il Paradiso o sarà mio compagno in Paradiso. Un uomo degli Ansar si fece avanti e combatté finché fu ucciso. Questo stato continuò finché i sette Ansar furono uccisi [uno dopo l'altro]. [Muslim 19:4413]

Dopo il martirio del settimo Ansari a Uhud, due Quraishis rimasero a guardia del Profeta ﷺ: Talha bin Ubaidullah e Sad bin Abi Waqas. Questi due Sahaba(A.R) (Compagni) combatterono coraggiosamente i Quraish e usarono i loro stessi corpi come scudi per proteggere il Messaggero di Allah ﷺ.

Narrato Qais: "Ho visto la mano paralizzata di Talha con cui aveva protetto il Profeta nel giorno di Uhud". [Bukhari 59:392]

Il Profeta ﷺ rimase con Talha bin Ubaidullah e Sad bin Abi Waqas solo per pochi secondi prima che altri Sahaba(A.R) arrivassero per fargli da scudo. Abu Dujanah(R.A) si fece scudo del Messaggero di Allah ﷺ. Le frecce continuavano a colpire la sua schiena, ma lui continuava a chinarsi sul Messaggero di Allah ﷺ [per proteggerlo] e alla fine, molte frecce gli perforarono la schiena. [Seerat ibn Hisham] Tale era il loro amore per il Santo Profeta ﷺ.

C'era la donna della famiglia di Bani Dinar. Alla fine della battaglia di Uhud, molti musulmani morirono e il Profeta ﷺ fu gravemente ferito al punto che si diffuse la notizia che era morto quando in realtà non lo era. Dopo il completamento della battaglia, alcune persone sono state inviate a visitare le famiglie di coloro che sono morti nella battaglia e a comunicare loro chi della loro famiglia è morto. Tra i casi più tristi e più duri di tutti fu il caso di una donna della famiglia di Bani Dinar. È stato narrato da Ibn Katheer nel suo libro 'Al-Bedaayah Wan-Nehaayah' che la gente andò da lei e le disse della morte di suo padre, suo fratello e suo marito. E con loro sorpresa, la sua preoccupazione e la sua domanda fu: "Cosa è successo al Profeta di Allah ﷺ?" Essi risposero: "Bontà, o madre di così e così. Egli, per la lode di Allah, si comporta proprio come vorresti". Allora lei chiese: "Portatemi dove si trova, così lo posso vedere". Così, lo indicarono e quando lei vide il Profeta Muhammad ﷺ disse: "Ogni calamità oltre a perderti è sopportabile". SubhanAllah!

Quando il Messaggero di Allah ﷺ annunciò la preparazione della battaglia di Tabuk e chiese la carità e le donazioni, i musulmani corsero a spendere per amore di Allah[S.W.T]. Syeduna Uthman[R.A], per esempio, che aveva preparato duecento cammelli sellati per andare ad Ash-Sham, presentò a tutti loro duecento once (d'oro) come carità. Andò anche a prendere mille dinari e li gettò tutti nel grembo del Messaggero di Allah ﷺ, che li girò e disse: "Da questo giorno in poi, nulla potrà nuocere a Uthman[R.A], qualunque cosa faccia." [Jami' At-Tirmidhi 2/211] Ancora e ancora Syeduna Uthman[R.A] diede finché la sua carità raggiunse novecento cammelli e cento cavalli, oltre al denaro che pagava.

Dovremmo confrontare il nostro amore con quello dei grandi Compagni di Rasulallah ﷺ. Siamo pronti a rinunciare ai nostri desideri e possiamo sacrificare le cose più care per obbedire al Santo Profeta ﷺ? Il nostro desiderio di avere la compagnia del Messaggero di Allah ﷺ in Paradiso richiede una ferma adesione all'Islam come i suoi compagni.

AMORE DI UMMAH

Come musulmani amiamo il nostro Santo Profeta ﷺ più di chiunque altro, ma sappiamo quanto ci ha amato? Sappiamo della sua grande compassione? Uno dei modi migliori per amare il Profeta Muhammad ﷺ è semplicemente sapere quanto bene ci ha fatto per amore e cura. Esploriamo alcuni versetti coranici e hadiths sul suo amore e compassione per noi, la sua Ummah.

Nel nobile Corano, Allah(S.W.T.) ha rivelato che Rasulallah ﷺ metteva la sua Ummah vicino al suo cuore e supplicava Allah per il nostro miglioramento,

"Ora vi è giunto un Messaggero scelto tra voi; gli è gravosa la pena che soffrite, brama il vostro bene, è dolce e misericordioso verso i credenti."
(Surah At-Tawbah, V:128)

Sheikh Sa'adi(A.R), un grande studioso islamico, ha indicato che "questa grazia è la più preziosa delle grazie di Allah concesse ai suoi adoratori: Egli ha inviato loro questo Nobile Profeta ﷺ per toglierli dalla cattiva condotta e proteggerli dalla punizione".

La madre dei credenti, Syeda A'ishah(R.A), racconta: "Una volta, quando ho visto il Profeta ﷺ di buon umore, gli ho detto: "O Messaggero di Allah! Supplica ad Allah per me!" Allora lui rispose: "O Allah! Perdona ad A'ishah i suoi peccati passati e quelli futuri, i peccati che ha nascosto e quelli che sono stati resi evidenti". Allora cominciai a sorridere, al punto che la mia testa cadde nel grembo del Messaggero di Allah ﷺ per la gioia. Il Messaggero di Allah ﷺ mi disse: "La mia supplica ti rende felice?" Io risposi: "E come può la tua supplica non rendermi felice?" Egli disse allora: "Per Allah, è la supplica che faccio per la mia Ummah in ogni preghiera". (Al Bazzaar, Hasan)

La compassione che Rasulallah ﷺ provava per la sofferenza degli altri è evidente in questo Hadith: Abu Qatada(R.A) ha riferito che il Messaggero di Dio ﷺ ha detto: "Quando inizio la preghiera, intendo farla lunga. Ma quando sento un bambino piangere, accorcio la preghiera, perché so che sua madre soffrirebbe per le sue grida". (Bukhari, Mishkat al-Masabih 1130)

Narrato Ibn `Abbas(R.A): Il Profeta ﷺ una volta venne da noi e disse: "Alcune nazioni erano esposte davanti a me. Un Profeta passava davanti a me con un uomo, e un altro con due uomini, e un altro con un gruppo di persone. e un altro con nessuno con lui. Poi vidi una grande folla che copriva l'orizzonte e desideravo che fossero i miei seguaci, ma mi fu detto: 'Questo è Musa(A.S) e i suoi seguaci'. Poi mi fu detto: "Guarda", guardai e vidi un grande raduno con un gran numero di persone che copriva l'orizzonte. Mi fu detto: "Guarda di qua e di là". Allora vidi una grande folla che copriva l'orizzonte. Poi mi fu detto: "Questi sono i tuoi seguaci, e tra di loro, ci sono 70.000 che entreranno in Paradiso senza (essere interrogati sui loro) conti. "Poi la gente si disperse e il Profeta ﷺ non disse chi erano quei 70.000. Allora i compagni del Profeta ﷺ cominciarono a parlarne e alcuni di loro dissero: "Per quanto riguarda noi, siamo nati nell'epoca del paganesimo, ma poi abbiamo creduto in Allah e nel Suo Apostolo ﷺ. Pensiamo però che questi (70.000) siano la nostra progenie". Questo discorso raggiunse il Profeta ﷺ che disse: "Queste (70.000) sono le persone che non traggono un cattivo presagio da (uccelli) e non si fanno trattare con la marchiatura e non trattano con la Ruqya, ma ripongono la loro fiducia (solo) nel loro Signore". allora 'Ukasha bin Muhsin si alzò e disse: "O Messaggero di Allah ﷺ! Sono uno di questi (70.000)?" Il Profeta ﷺ disse: "Sì". Poi un'altra persona si alzò e disse: "Sono uno di loro?" Il Profeta ﷺ disse: "Ukasha ti ha anticipato". (Sahih al-Bukhari 5752)

Anas bin Malik(R.A) e Ibn Hazm(R.A) hanno detto: Il Messaggero di Allah ﷺ disse: "Allah, l'Eccelso e il Sublime, ha ingiunto cinquanta preghiere alla mia ummah, e sono tornato con questo finché non sono passato da Musa, la pace sia su di lui, che ha detto: "Cosa ha ingiunto il tuo Signore alla tua ummah?" Ho detto: "Ha ingiunto loro cinquanta preghiere".

Musa⁽ᴬ·ˢ⁾ mi disse: "Torna dal tuo Signore, l'Eccelso e il Sublime, perché la tua ummah non sarà in grado di farlo". Così tornai dal mio Signore, l'Eccelso e il Sublime, ed Egli ne ridusse una parte. Poi tornai Poi tornai da Musa⁽ᴬ·ˢ⁾ e glielo dissi, e lui disse: 'Torna dal tuo Signore, perché la tua Ummah non sarà in grado di farlo'. Allora tornai dal mio Signore, il Potente e Sublime, ed Egli disse: 'Sono cinque (preghiere) ma sono cinquanta (in ricompensa), e la Parola che viene da Me non può essere cambiata'. Tornai da Musa⁽ᴬ·ˢ⁾ e lui disse: 'Torna dal tuo Signore'. Io dissi: 'Mi sento troppo timido davanti al mio Signore, l'Eccelso e il Sublime'".

Quanto siamo benedetti come ultima Ummah; un grande Profeta di Allah, il Profeta Musa⁽ᴬ·ˢ⁾, ha aiutato il nostro Santo Profeta ﷺ a ridurre le nostre preghiere quotidiane da cinquanta a cinque. Questo è sicuramente un esempio dell'amore e del rispetto di tutti i precedenti Profeti di Allah verso l'ultimo Profeta di Allah ﷺ e la sua Ummah.

Abdullah bin Amr bin Al-'As⁽ᴿ·ᴬ⁾ ha riferito: Il Profeta ﷺ recitò le parole di Allah, l'Esaltato e il Glorioso, su Ibrahim⁽ᴬ·ˢ⁾ che disse: "O mio Rubb! Hanno sviato molti tra gli uomini. Ma chi mi segue, in verità, è da me".(Corano 14:36) e quelli di 'Isa (Gesù) ⁽ᴬ·ˢ⁾ che disse: "Se li punisci, sono Tuoi schiavi, e se li perdoni, in verità, Tu, solo Tu, sei l'Onnipotente, il Saggio".(Corano 5:118). Poi ﷺ alzò le mani e disse: "O Allah! La mia Ummah, la mia Ummah" e pianse;

Allah, l'Eccelso, disse: "O Jibril (Gabriele)! Vai da Muhammad ﷺ e chiedigli: 'Cosa ti fa piangere?' Allora Jibril andò da lui e gli chiese (il motivo del suo pianto) e il Messaggero di Allah ﷺ lo informò di quello che aveva detto (anche se Allah lo sapeva bene)."

Su questo Allah disse: "Jibril, vai da Muhammad ﷺ e dì: 'In verità, ti compiaceremo per quanto riguarda la tua Ummah e non ti dispiaceremo mai.'" [Muslim]

Un altro Hadith che ci solleva dalle difficoltà del giorno del giudizio è la Dua di intercessione del nostro Santo Profeta ﷺ per la sua Ummah.

Abu Hurairah(R.A) ha narrato che il Messaggero di Allah ﷺ disse:

"Ogni Profeta ha una supplica (speciale) che viene esaudita. In verità, ho riservato la mia come intercessione per la mia Ummah, e raggiungerà, se Allah vuole, quelli di loro che muoiono non associando nulla ad Allah(S.W.T)". (Jami` at-Tirmidhi 3602)

È evidente dagli Hadiths citati che Rasulallah ﷺ riserva un favore speciale alla sua ummah. In questa vita terrena, dovremmo sforzarci di attaccarci fortemente agli insegnamenti del Corano e alla Sunnah del nostro Santo Profeta ﷺ, e diventare musulmani praticanti, per ricevere questo immenso favore di Allah(S.W.T) nel Giorno del Giudizio.

COME MOSTRARE IL NOSTRO AMORE AL SANTO PROFETA ?
INVIO DI BENEDIZIONI SU RASULALLAH

"In verità Allāh e i Suoi angeli benedicono il Profeta: o credenti, beneditelo e salutatelo con un buon saluto."
(Surah Al-Ahzab, V:56)

Durood-o-Salam è fatto solo per chiedere ad Allah(S.W.T) di concedere le Sue benedizioni e la Sua misericordia sul Suo Messaggero ﷺ per mostrare la propria riverenza e gratitudine per i servizi di Rasulullah ﷺ alla Religione dell'Islam. Questo non solo completa il diritto d'onore del Profeta ﷺ ma risulta anche nell'ottenere molte benedizioni e ricompense da Allah, l'Eccelso, in questo mondo e nell'altro.

Abdullah ibn Ma'sud(R.A) narra che Sayyedina Rasulullah ﷺ disse:

"Nel giorno della Qiyamah, la persona più vicina a me sarà quella che mi avrà inviato più Durood." (Tirmidhi)

Abdullah bin `Amr bin Al-`As(R.A) ha riferito: Ho sentito il Messaggero ﷺ di Allah dire:

"Chiunque supplichi Allah di esaltare per me, Allah lo esalterà dieci volte." (Muslim)

Il venerdì è il giorno più venerato e benedetto della settimana nell'Islam, che è anche menzionato nel Sacro Corano. Questo giorno racchiude le più grandi virtù per ottenere le benedizioni di Allah attraverso diversi modi di culto come la preghiera Jummuah e la recitazione della Surah Kahf e altre preghiere come Durood Sharif.

Il Messaggero di Allah ﷺ disse,

"Il venerdì, manda Durood abbondantemente su di me, come si presenta davanti a me." (Abu Dawud)

Così, il Salawat inviato al Santo Profeta ﷺ nel giorno propizio del venerdì ha come risultato una grande ricompensa sotto forma di ottenere la prominenza vicino a Rasulullah ﷺ come Lui stesso li riceve.

Come un vero discepolo dell'Islam, abbiamo bisogno di provare affetto per il Messaggero ﷺ di Allah più di qualsiasi altra cosa al mondo, e questo diritto del Profeta ﷺ potrebbe essere soddisfatto solo aderendo alla Sua Sunnah e ricordando e venerando il Suo nome tutto il tempo.

Possa Allah$^{(S.W.T)}$ metterci tra coloro che riceveranno l'amore di Rasulullah ﷺ ed essere tra coloro che diffonderanno il suo amore duraturo all'umanità. Che possiamo essere tra coloro che diffondono l'amore e non l'odio, la pace e non il conflitto, l'unità e non la divisione.

Ameen

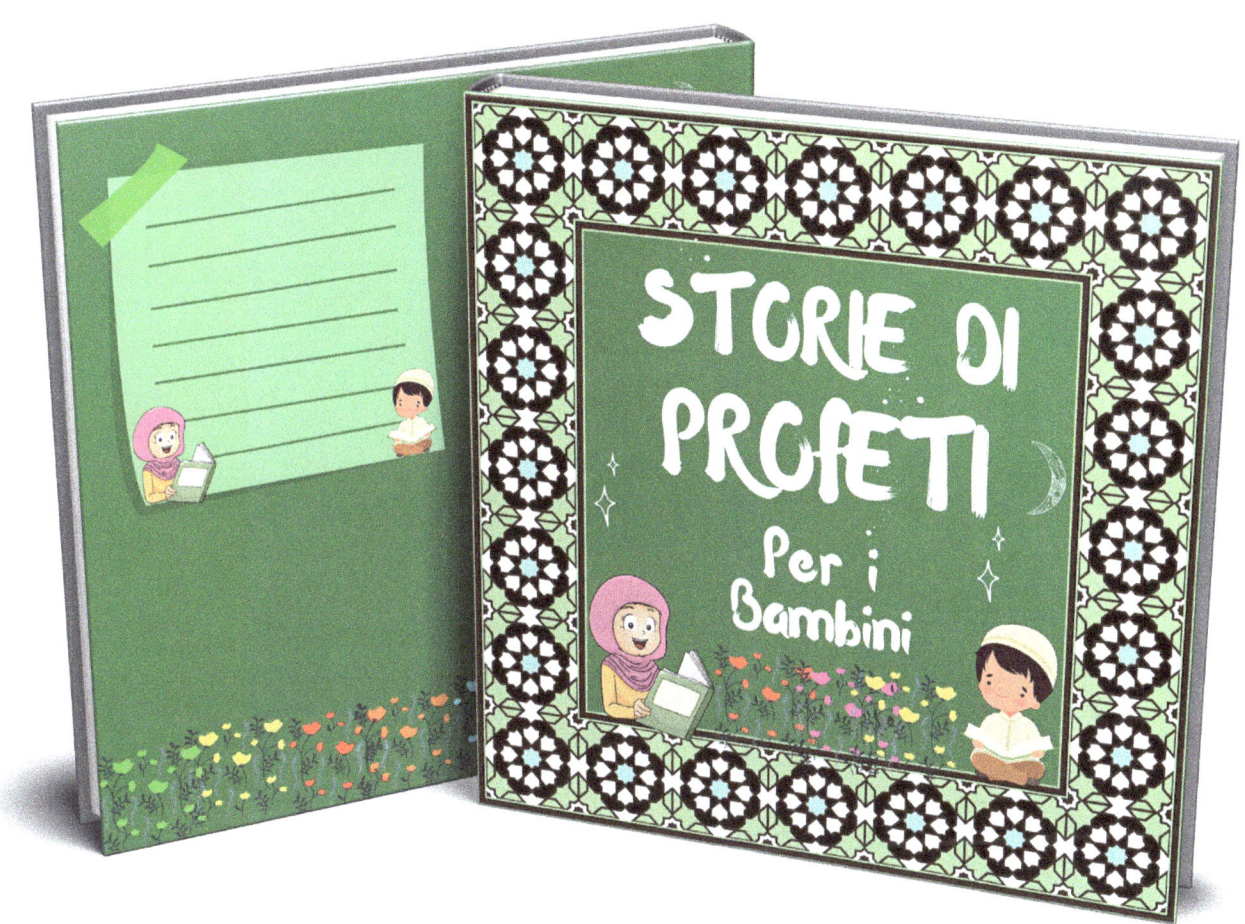

ISBN 978-1-990544-61-3

*Cerca ISBN sul sito del rivenditore

Copertina rigida con pagine a Colori Premium

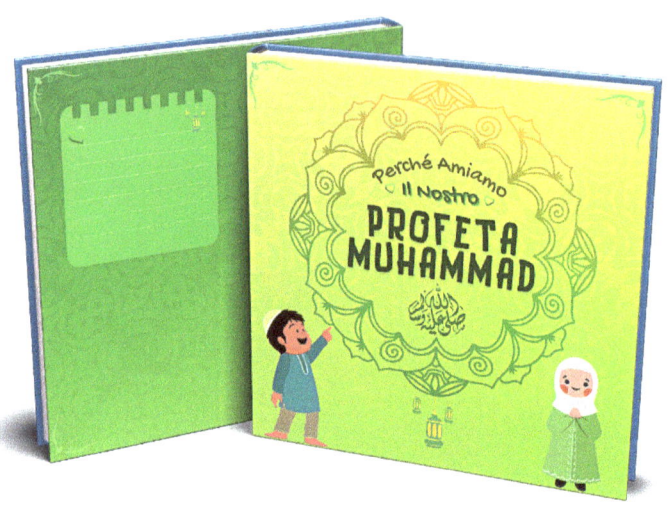

ISBN 978-1-990544-63-7

ISBN 978-1-990544-64-4

ISBN 978-1-990544-65-1

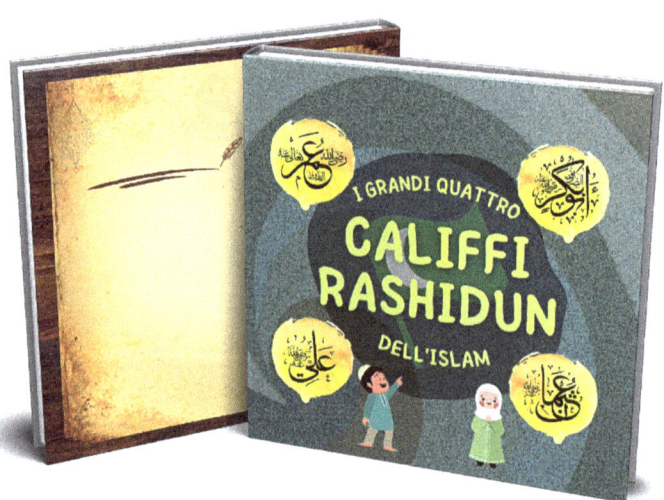

ISBN 978-1-990544-62-0

*Cerca ISBN sul sito del rivenditore

Copertina rigida con pagine a Colori Premium

ISBN 978-1-990544-63-7 Perché Amiamo il nostro Profeta Muhammad ﷺ?

Questo libro dal bellissimo design diffonde il profumo dell'Amore e della Compassione mostrati dal Santo Profeta ﷺ attraverso i suoi insegnamenti e le sue azioni. La sua misericordia abbraccia tutti, cioè i bambini, i servi, i poveri, gli animali e gli uccelli, e soprattutto la sua Ummah (nazione musulmana).
I bambini impareranno anche ad amare il Messaggero di Allah ﷺ per il suo immenso sacrificio e la sua lotta per la diffusione dell'Islam, e come estendere l'empatia intorno a noi.

ISBN 978-1-990544-64-4 Angeli & Jinn: Loro Chi Sono?

I bambini musulmani si interrogano spesso sul concetto di Angeli e Jinn.
Sono reali o è solo un mito? Quando e perché sono stati creati? Sono più potenti e grandi degli esseri umani? Come possono aiutarci o danneggiarci?
Questo bellissimo libro risponde a tutte le curiosità dei bambini sulla realtà degli Angeli e dei Jinn.
I bambini impareranno le credenze islamiche su di loro ed esploreranno l'universo invisibile di Allah (S.W.T) intorno a noi.

ISBN 978-1-990544-65-1 Che cos'è la Religione?

I bambini musulmani si interrogano spesso sulle religioni nel mondo moderno di oggi.
Quali sono le differenze tra i loro seguaci? Come si sono formati e diffusi? Perché Allah Al-Mighty ha inviato numerosi Profeti e Messaggeri? Qual è l'unicità e l'autenticità dell'Islam e del Profeta Muhammad ﷺ?
Questo bel libro risponde a tutte le curiosità dei bambini sulle varie religioni e aiuta i genitori a spiegare il concetto e l'autenticità dell'ultima vera religione: l'Islam.

ISBN 978-1-990544-62-0 I Grandi Quattro Califfi Rashidun dell'Islam

La storia della vita di quattro grandi Compagni del Profeta Muhammad ﷺ
Questo bellissimo libro spiega ai bambini i grandi insegnamenti del Profeta Muhammad ﷺ ai suoi Compagni (R.A) che hanno completamente trasformato la loro mentalità, e più tardi come hanno implementato questi insegnamenti per ispirare gli amici e i nemici insieme.
Impara come questi quattro califfi ben guidati sono diventati un faro di leadership e hanno creato il concetto di stato sociale per il mondo contemporaneo.

*Cerca ISBN sul sito del rivenditore